2022 운문시대 Vol. 18

소금꽃 다녀간 뒤

동학사

운문시대 18집을 내면서

이어령 선생이 말씀하셨다.
— 시는 읽는 것이 아니라 그 안에 들어가 사는 것이다.
'언어의 집'에 깃들고 싶다.

2022년 6월
〈운문시대〉 동인

차 례

1 박미자

2 김종연

3

김효이

4

곽종희

1

박미자

운문시대_18
신작시조

따개비의 말

당신의
너른 등에
딱 붙어 있을 때는

찰랑대는 물결마저
구속인줄 알았지만

해일이
휩쓸고 간 뒤
자유가 더 두려웠다

노포老鋪

—임대차보호법

재개발 바람에 밀려 거리로 내몰렸다

어쩔 수 없다 해도 현실은 냉혹하다

어시장 비릿한 굴레 상인들은 수척하고

나름의 해석으로 버티는 임차인과

세상물정 잣대로 들이미는 임대인들

바람은 중개인처럼 양쪽 눈치 살펴 불고

마천루 높아질수록 입지는 좁아진다

내몰린 터전 앞에 휘청이는 발걸음

뒷짐만 지고 있는 법, 누가 누굴 보호할까

처세

1
오토바이 굉음 질주 도로 쩍 갈라놓았다
가로수도 지레 놀라 수루루 잎 떨구고
화들짝, 길고양이는 목숨 걸고 달린다

2
그 아가씨 카페에서 하는 말이 걸작이다
결혼은 한다는데 아기는 귀찮단다
별에서 분양 받아온 '냥이' 하나 키운다나

앞 가게 창문 너머 털 다듬던 야옹이
이런저런 이야기에 귀 쫑긋 세우다가
보란 듯 도도한 자태, 꼬리 살짝 말고 있다

하울링

안방을
비워둔 지
십 년이 지나갔다

다시 온기 채워보려
장판 열 높였더니

나란히
속삭이던 말
환청처럼 들린다

겨울 꽃무릇

그대
그리는 맘
눈보라 다 물리치고

꽃대궁 돌려대던
바람도 얼어있다

자리를
지킨다는 건
오롯이 견디는 일

저무는 친정집

문득 찾은 친정집 마당이 휑하다
들일 나가셨나 여기저기 기웃대도
인기척 찾을 수 없다, 하루가 저무는데

어둑어둑 들어서는 어머니 가슴에는
요소비료 한 포대가 태산처럼 들려 있다
고단한 생애 앞에서 울컥하는 목울대

주인 잃은 경운기는 녹이 슬어 쇠잔하고
마루 밑 누렁이는 무릎뼈 앙상하다
늦가을 가랑잎 같은 몸, 종종걸음 끝없어

달빵을 먹다

보름달을 한 입 무는 달콤한 TV광고
어린 시절 카스테라 침범할 수 없는 영역
두 겹에 숨겨져 있던 하얀 크림 꿈을 꾸지

혀끝에 달착지근 달라붙던 크림빵을
도시에 입성하면 원 없이 먹으리라
드디어 여기 있었네, 빵빵했던 태극당

광속으로 변화하는 시대에 발맞추며
까맣게 잊혀져간 기억을 호명한다
이 밤에 환한 보름달 귀퉁이 베어 물고

잠 못 드는 편의점

이젠 배달 음식도 다들 물린 눈치

대로변 불빛 아래 사람들이 모여든다

언제나 혼자 먹는 일, 적적한 슬픔이지

고단한 가로등도 가물대는 시간인데

나눌 곳 없는 마음 눈빛으로 건넬까

좌표를 다시 찾고자 앉아있는 하얀 밤

급체, 뚫어드립니다

단독주택 밀려나고 들어찬 거대 원룸
허기진 골목 통로 조급함만 차곡차곡
온 동네 휘감는 소리, 밤늦도록 이어진다

깊숙한 하수구도 과부하 걸렸구나
무턱대고 삼킨 것 체증을 참지 못해
울분을 쏟아낸다, 칸칸이 흐름 끊고

민낯이 다 드러난 욕망의 저 배설물
그제야 눈비비고 도시는 깨어난다
꽉 막힌 시간의 틈도 누가 제발, 뚫어줘

약은 입에 쓰다

독설을 듣고 나니
정신이 오롯하다

잘 벼린 마음 칼로
아집의 싹을 베니

꽉 막힌
혈관 하나가
시원하게 트였다

2

김종연

운문시대_18
신작시조

영암사지를 거닐며

시간을 사고 싶네, 그때부터 지금까지

이는 바람 자는 바람 온몸으로 맞으며

쌍사자 어깨선처럼 두루뭉술하고 싶네

난무하다

저녁 무렵 당도한 서울의 첫눈 소식
손바닥 펼쳐 읽지만 저마다 다른 해석
쌓이고 또 쌓이겠다 막무가내 하늘 전언

"저, 코로나에 걸려 며칠 동안 앓았어요"
태평양 건너 온 새벽 한 시 카톡 한 줄
쌓이고 또 쌓이겠다 막무가내 새끼 걱정

설날 전야

고향으로 내달리는 고속도로 길 위까지
끈질기게 따라붙은 코로나 재난 문자
왔던 길 되돌리라네 확진자와 밀착 접촉

동구 밖까지 쓸어놓은 어머니의 비질에
달빛별빛 내려앉아 어둠을 지우지만
어머니 돌아눕는다 세상 온통, 암전이다

흰머리 줄다리기

언젠가는 지고 말 게임인 줄 알면서

그 뻔한 오기발동에 화장실이 뜨겁다

아직은 완벽한 승리
뿌리까지
뽑는다

안물안궁

태생도 베일에 싸여 우리를 슬프게 하는

배경을 되짚다가 나도 그만 슬퍼져

사전을 자꾸 뒤진다. 반대말 찾고 싶어

컨터롤 V

너에게 머문 나를 나에게 붙여넣기

그곳에 머문 나를 이곳에 붙여넣기

지금은 긴급 명령의 시간 마음을 사수하라!

동부리 벅수*

남천 돌다리로 누워 애간장이 타더라
행여 소문이라도 건너올까 귀 열어도
냇물이 꿀꺽 삼키고 시치미를 떼더라

발길에 뭉개져도 눈언저리 웃음 지켜
마을과 사람들의 안녕을 지키리라
그대는, 안심하시라 더운 숨 내게 있으니

---

* 울산광역시 울주군 언양읍 동부리와 남부리를 지켜 주는 마을 수호신. 1970년대 남천 돌다리로 사용되던 것을 마을 주민이 발견하여 다시 제당에 모셨다.

어디서 무엇이 되어 다시 만나랴

– 솔발산 공원묘지

당신께서 덮었던 책장의 마지막을 펼쳐
뒷이야기를 씁니다 그날부터 지금까지
시점이 자꾸 흐려져 글들이 흩어지네요

더 이상 건너올 수 없는 그 편의 언어들은
몇 번의 번역기를 돌려야 닿을까요
대답을 기다립니다 답신 빨리 주소서

둥글고 단단해진 수천 개 동음이의어
다 잊은 듯 다 버린 듯 그렇게 누웠지만
골짜기 가득 서린 고요 압축파일 같습니다

세밀 궁체로 알알이 그렇게 써 내려간
당신의 생애가 여전히 진행형이길
한나절 바람에 기대 바람을 소지합니다

유튜브 대세론

펼쳐도 펼쳐도 다 못 보는 세상이다

거인을 꿈꾸면서 일제히 몰려드는

날마다 문전성시다 주인도 객도, 넘친다

이별 그 후

추억 하나 던져놓고 하늘 한 번 쳐다보고

상처 하나 던져놓고 구름 한 번 쳐다보고*

내 것은 하늘에 주고 하늘은 자신을 주고

* 강소천 시인의 '닭'에서 인용

3

김효이

운문시대_18
신작시조

손금

누구도 모른다

저 선들의 의미를

화려한 삶이라도 초라한 삶이라도

자세히 들여다보면

다 말 못 할 사연이 있다

부부

비슷해 보이지만
전혀 다른 두 사람이

창 하나 내놓고
서로 바라본다

닫힌 듯 열린 문으로
서로 바라본다

벚꽃 지는 날

온몸으로 너를 받으며
결별을 읽고 있다

반쯤 울고 반쯤 웃고
우리 사랑은 늘 이렇다

잎잎이
지는 자리에
새 꿈으로 다시 채우며

구름의 노래

오색 풍선같이 떠 있는 꿈의 유영?
끝없이 쌓고 허무는 생의 프로그램?
맹세를 담기 위하여
나는 지금 일기를 쓴다

햇빛 쏟아지는 밝은 대낮에도
갑자기 눈비가 되고 또 때로는 노을이 되는
실없이 기웃대는 날의
방황 같은 이름들…

기러기

어젯밤 늦도록 고민을 털어놓고
오늘 그녀 날아서 먼 곳으로 가고 없다
서른 살 꽃다운 나이에
돌덩이 가슴에 얹고

십 년 연애 끝에 꿈꾸던 신혼은 일 년
부모님 가슴팍 생살만 도려내고
사랑은 있는 것일까
있다면 그건
형벌일까

삽화挿畫

발아래 인가人家들이 훤히 내려다보이는

산 능선 바위에 띄엄띄엄 앉아서

혼밥에 지친 어깨들

도란도란 정겹다

살아온 내력이야 서로 다르지만

에움길 돌아서 닿은

같은 시간 같은 자리

모처럼 얼굴을 펴고

환하게 웃고 있다

겨울 동화

주말 오후 카톡으로 에세이를 읽는다

재소자가 써 보낸 '눈사람' 이란 제목의,

행마다 상처를 보이며

통곡을 하고 있다

외등 같은 쓸쓸함, 병마 같은 그 가난

어금니를 저리게 하던 어둠의 숱한 목록들

마침내 눈처럼 녹자

동백꽃 피고 있다

말차의 독백

새싹같이 맑은 마음이길 바란다

육신을 바치는 순간 가루가 되어도 좋다

능숙한 손놀림으로 온몸을 천천히 훑고

예민한 그의 혀는 입맞춤의 연속이다

솜털같이 부드러운 거품을 얹고서

연둣빛 갈란투스*가 되어 밀어를 속삭인다

---

* 희망, 위안

중년中年

새해 첫날 외출하는 어떤 부부의 대화

'집 커피 놓아두고 바깥 커피 마셔야 하나?'

'분위기 마시러 가는 거죠. 바람도 좀 쐴 겸'

가볍게 주고받는 무뚝뚝한 말속에도

잔물결 일렁이듯 오가는 정 있다

따뜻한 마음 일구는

향기로운 미립자

태화강을 걷다

때로는 고요한 강 때로는 포효하는 강
물 안의 소리인지 물 밖의 소리인지
제 길을 따라 흐를 뿐
이정표는 없다

흐르고 흘러서 바다에 닿기까지
수없이 되돌아보고 수없이 다짐하며
늘 새로 다지는 마음
상처가 되기도 한다

이 순간, 잠행하던 물의 맥박 소리는
극을 여는 도입부처럼 신선한 멜로디다
삭막한 도시를 열어갈
생명의 날개다

4

곽종희

운문시대_18
신 작 시 조

집들의 시간

천민으로 살다가도 구중궁궐 꿈을 꾼다
새벽녘 동살 같은 반지하 햇살 바라
하루 치 생을 이끌고 담쟁이가 기어가듯

갭 투자 알박기에 여백이 모자라고
서성이는 계단을 승강기 늘, 앞지른다
층수만 높인 집값이
후폭풍에 날아갈 쯤

사람을 벗은 공간 썰물처럼 멀어진다
곳곳에서 애면글면 모스부호 타전할 때
하룻밤 기와집 열 채
허물었다
짓는 밤

문콕

위험하다, 문을 열면
무방비로 다가온다

거리 재는 심장 끝에
눈초리가 매달리고

너와의
깊은 상처도
가까워서 생긴 일

세대갈등 보고서

얘기 좀 들어보자
엄마는 몰라도 돼
팽팽한 전운이 집안 곳곳 감돌아요
돌연 꽝! 문 닫는 소리
국경 그예 갈라놓고

팀장님은 야근하고 막내는 칼퇴해요
더듬더듬 길치 족과 천리안 내비 세대
목표는 서로 달라도
나름 첩경 자부하죠

젊음이 상 아니듯 나이 듦도 벌 아니죠
라떼와 N포 사이 놓인 벽 드높아도
이른 봄 쌓인 눈 녹듯
무너질 날 있겠죠

계절의 뒤란

여러 해 굳은 옹이 담담하게 품은 쉰 해
아스라한 기억 너머 문패가 된 이름 하나
아직도 무저갱 갇혀
꽃 피는 날 기다린다

봄 오면 만나자던 헛된 약속 굳게 믿고
오는 비 다 맞으며 기억 한 줄 되짚지만
저만치 안개 속으로
멀어져 간 그 사람

도리머리 치는데도 가슴 그에 시린 날은
실낱같은 꿈이라도 옹골차게 움켜쥐고
떨리는 문풍지 같은
내 안 소리 듣는다

뉴 노멀을 읽다

1

돈 십만 원 송금하고 명절 치레 끝이 났다
베개 밑까지 따라온 내 걱정 말라는 말
못 가서 더 보고 싶은
고향 하늘 보름달

2

비대면 권장량을 과 복용한 취준생들
창살 없는 독방에 스스로를 가둬두고
쥐꼬리 클릭 또 클릭
생만 자꾸 탕진한다

3

마스크 한두 개는 여분으로 챙긴 가방
빵! 터진 유머에도 가려진 새하얀 이
아무도 상상 못했다
이산가족 내가 될 줄

퇴고

콩깍지 벗겨내고
넋 잃은 말 들깨운다

밥 먹듯 뜸들이듯
터진 솔기 꿰매듯

끝내는
바위를 뚫어
새겨지는 불립문자

냉장고를 사유하다

꽁꽁 숨긴 후회가 켜켜이 얼어있다
심중에 담아두고 끝내 뱉지 못한 말이
세월의 그 두께만큼 군둥내를 풍긴다

유통기한 지나가도 그냥 첩첩 쟁여두는
채 버리지 못할 사연 볼지마다 절절하다
나는 뉘 가슴에 담긴 사연이나 되었을까

남을 위한 눈물 따위 생각지도 않는 세상
앙가슴 냉기류가 내 안 가득 차올라도
쉬 다칠 너를 보듬어
긴 호흡을 내쉰다

은행나무 고서古書

오백 년 얽힌 설화 눈으로 읽는 내내
담장 밑 수북 쌓인 편년체 은행잎들
잰걸음 길손을 맞아 고서 정리 바쁘다

책장을 뒤적이다 각주를 다는 바람
쓰다만 행간 위로 무딘 붓끝 세울 때에
보름달 길을 터준다 둥근 등 환히 밝혀

백년도 못 살면서 아등바등 사는 사이
점자로도 읽지 못해 잠시 접은 우화羽化의 꿈
어둠 속 질라래비훨훨 노랑나비 날고 있다

까마귀 군무群舞

해 지자 태화벌에
총동원령 내려졌다

러시아 몽골초원
비자 없이 배돌다가

몰려온
디아스포라
십리대숲
점령한다

꽃비는 내리고

며칠만 더 견디라는 간절한 바람에도
힘 빠진 꽃상여가 고빗길 넘어간다
이따금 멈추는 발길 바람이 등 떠밀고

빠져들지 않으리라 다짐도 속절없어
눈시울 느루 적시는 꽃들이 남긴 유서
열렬한 사랑의 끝엔 왜 늘 아픈 이별인지

나비처럼 간다면야 가뿐히 잊어주마
이생의 기억들은 낮달로나 걸어두고
저무는 산길에 앉아 나도 지는 어느 봄

5

신춘희

운문시대_18
신작시조

_반가사유상

_신청곡

_숙제

_수술실에서

_고수

_개뿔이다

_기러기의 꿈

_밥

_눈 오는 밤에

_음악

반가사유상

당신은 거기서 빙그레 웃고만 계세요
나는 여기서 조용히 바라만 볼게요
표정이 온유하여서 우러르고 싶은 분

눈주름 펴지는 소리
그 끝에 맺히는 고요
가만히 떠 와서
목 축이고 싶어요
생각도 넓고 깊으신,
검소한 목불木佛이여

신청곡

떠나간 누군가를 위해 신청한 노래를

부르면서, 불러주면서

젊은 가수는, 운다

자신과 연배年輩들에게 보내는 위로송 같아서

고故 김광석의 '어느 60대 노부부이야기'

팔순의 신청자도 울고, 시청자도 울고

울음이 차고 넘쳐서 울음강이 되었다

어쩌면 우리는 머물지 못하는 부평초

노래가 아니면 어떻게 그리움에게 갈까

가사가 심금을 울려 육체는 통곡에 갇힌다

숙제

– 자식에게

미래를 위해서

너는 시간을 쓰지만

너를 위해서

애미는 시간을 쓴다

왜인지 그 궁금에 대해서는

숙제로, 내 주마

수술실에서

– 2022. 2. 15.

죽는다는 것은 무엇인가

후생後生을 산다는 것인가

심장에 혈관을 잇고

눈에는 칼을 댔다

영혼아, 묻지 말아라

아직 답 얻지 못했다

야윈 몸에게 생기를 배급해 준들

무슨 의미가 있는가, 짓궂은 신이여

황천의 사자를 보내라 그와 함께 떠나게

고수

한 동작이면 족하다

어떠한 베임도

그러나 정작 고수는 마무리에 달렸다

칼집에 칼을 꽂는 과정이

예술이어야 한다

개뿔이다

뼈만 남았다

내 친구 덕균이

근 1년 만에

폐허가 됐다

무엇이 착한 저 우주를 채굴한 것일까

작은 미동에도 가랑잎처럼 바삭거린다

손을 잡으니 으스러질 것 같다

웃으니 눈물이 울컥한다

인생 참, 개뿔이다

기러기의 꿈

푸른 하늘 헤엄치듯 나는 기러기

날개 지친 어디쯤에 쉼터가 있을까

그리던 자유가 있을까, 평화가 있을까

시작도 끝도 없는 물길 헤치며

필사적으로, 필사적으로, 사선死線을 넘듯이

기러기, 떼 지어간다, 쉬지도 못하고

밥

부탁한다, 더 이상, 함부로 대하지 마라

온기溫氣만 있고 생기生氣는 없는 밥

사람이 존엄하다면

저 밥도, 그러하다

눈 오는 밤에

구구절절한 노래에 몸이 반응하듯이

오금이 저린 시, 남기고 싶다

길섶에 마른 풀꽃 지듯 이 세상 뜬다 해도

창 밖에선 사연 많은 눈이 내리고

하염없이 바라보는 생각은 적막강산

오늘밤 건질 수 있을까

잘 익은

시 한 수

음악

죽어도 여한이 없을 아름다운 밤이다
무언가 확 열렸으나 설명이 불가해서
느낌이 버무린 언어를 가슴에다 드리운다

하늘이라는 창은 무한대로 파랗고
양떼구름은 잘 구운 치즈 비스킷
본능이 진저리치듯 부르르에 빠진다

지금의 이 기분을 사랑이라고 하자
소리에 넋이 빠진 진심이라고 하자
색色들은 어디 갔는가, 향기를 익혀야지

6

손상철

운문시대_18
신작시조

얼굴 없는 마네킹

얼굴이 없다는 것이 얼마나 다행인가
살며 누구에게도 눈길 한번 주지 못하고
무심히
남의 시간 같은
옷이나 입고 서서,

입은 듯 벗고 가는 세상의 어느 뒷골목
속옷은 전생의 죄로 가릴 곳도 잊은 채
이 새벽,
어디로 가는지
옷 한 벌이 없다니

다시 온몸으로 견딘 허기진 하루가 간다
밤마다 얼굴을 찾아 거리를 헤매는 몽유
눈물이
가슴에 떨어지자
두 다리가
꺾인다

걸어가는 남자*

무엇이 이리 급해서 흔들리며 가는가
길을 잡을 수 없어 끝없이 이는 머리칼
살아서
제 그림자도
거둘 수 없는
기다림

갈 곳은 있는지
무슨 꿈을 꾸는지
물어 볼 말이 많지만 자꾸 헛딛는 걸음
눈비가
지나간 자리
내일은
보이지 않고,

---

* 스위스 조각가 자코메티 작품명

세상을 알기 전에 이미 길 위 내몰린
기도를 배우기에는 숨찬 몸부림 날들
가만히
서로 바라보는
안과 밖의
나와 나

잃어버린 꿈의 추상화

너무나 사무치게 꽃은 웃고 돌아섰다
계절은
유턴중이나
슬프지 않을 것 같고
우물에 빠진 달을 안고
창백하게
외롭게,

검은 머리핀 속 나비의 곤한 잠처럼
인사가 끝나기 전에 봄은 끝물이었다
읽다만 너의 눈길이
서러워서
그리운

가슴에 꽃 하나가 뜨겁게 자라는 사이
몇 번의 계절 아래서
계단 위 흐르던 눈물
언제쯤,
검색어 속에서
찾을 것 같은
저 순간

화요일의 속도

식탁 위 딱딱한 빵이 제 혀를 깨물었다
놀란 접시들이 주춤주춤 뒤로 물러나고
식사는,
신호등에 앉은
까마귀처럼 불안하다

한 잔의 믹스커피로 견디어야 할 하루
골목 끝
지친 낮밤이
닳은 공복처럼
한쪽이 기운 자전거가 뒤로 자꾸 뒤처진다

아직도 절반이 남은 횡단보도의 저 끝과
길을 앞세워 가는 삶이 몇이나 될까

이 하루,
가던 길 위에서
또 두렵다
저 속도,

미나리 미나리 두 단

미나리 한 단과 앉아
낮달이 조는 사이
아이는 모래성을
쌓다가 또 허물고,

말목이 썩고 지도록 아비는 오지 않았다

눈먼 여자가 파는 풋풋한 봄이 아득하다
사이소- 사이소-
미나리- 사이소-

아이가 없어진지 오래,
목이 다 쉰
미나리

24시 편의점

1
다 마른 가을 국화가 재떨이로 나앉은 화분
처음 꽃으로 왔다 꽃으로 가는 이 몇일까
삶이란, 예측할 수 없어 이 지구가 또 돈다

2
사내가 달의 고향이 어디냐고 묻는다
점원이 다 팔렸다고 내일 다시 오란다
아- 고향, 퇴근길 가끔 고향을 사러 간다

3
그녀의 목덜미에 장미가 피고 있다
어느 해 사내가 남긴 상처를 새기다니
다시는 지지 않으려 이를 악물고 피고 있다

4
아이스크림을 먹던 여자가 녹아내리자
한 사내가 빗속을 달려와 그를 안았다
사랑은 보이지 않아도 볼 수 있는 눈이 있다

아- 다도해

끝나지 않은 사랑이 여기 와 또 그립다
네가 보고 싶어 너 닮은 섬을 낳고
낳다가,
또 그리워서
섬 하나를
또 낳고

어느 인편에 받은 당신의 야윈 소식
미치게 보고 싶어 밤새 섬을 낳고
낳다가,
또 보고 싶어
섬 하나를
또 낳고

물속의 돌

꿈에 꽃무늬 원피스를 훔치다 깨었다

그녀의 물방울 같은
스무 살 어느 날에게
꿈처럼
바라보는 일과
눈가에 어린
그 얼굴

가끔 소문을 묻다 여울 아래 그리웠을
남몰래 흘러가다가
울던 밤과 혼자였을,
그렇게
자신도 모르게
계절이 가고 있었을,

젖은 길을 말리며 혼자 까치발로 가는
더디게 싹을 틔우는 물풀을 받아내다가
어느 날
저 물속보다
단단하게
빛나는

사라진 그네

소녀가 사라지자 그네는 혼자 놀았다
쌓고 무너지는 모래성에 발목이 빠져
왜 혼자
그네 지키며
지금도 너를
그리나

볼우물 보다 뛰던 흰목덜미의 그 향기
차가운 쇠줄 잡고 빈달을 밤새 밀어주며
파 놓은
물웅덩이에
별들까지
키우는,

이제 집으로 갈까
왜 용기가 없었을까
사라진 놀이터 한쪽 홀로 선 사내의 저녁
이 밤도
소녀를 기다리며
시린 손이
늙고 있다

선운사에서 만난 봄

누가 조는 사이 또 누가 지나갔다
꽃은 찰나를 나와 느렸지만 느껍다
엇갈린 인연이 있어 스친 봄이 아리다

자꾸 보려 할수록 보이지 않는 누가
어느 옷깃을 나와 밤새 단청물이 든다
풍천行 길모퉁이에 민머리로 서 있는

아직도 못다 한 말이 상처가 될 줄이야
그대를 만날수록 우는 날이 많아지다니
어쩌면 이미 너와 나는 서로에게 꽃이었다

7

김종렬

운문시대_18
신작시조

해후

어릴 적 고향 떠난 동무가 돌아왔다
긴가민가 마주하다 동시에 터진 이름
한눈에 읽히는 세월, 찔레꽃이 참 붉다

가을밤

수만의 저 별들도
외로움을 타는 걸까

이 산중 이 조그만
연못까지 내려와서

은밀한
수작을 걸며
밤새도록
치근댄다

첫눈을 기다리며

첫눈을 기다리며 장작으로 쌓은 담
단지도 몇 옮기고 솔가지도 얹었는데
올 겨울 또 허탕이다, 우수마저 지났으니

공허한 맘 달래는데 술만한 게 또 있을까
스쳐간 자리마다 단내를 풍기던 사람
무소식 희소식이란 말 이젠 믿지 않을래

대곡천 단상 3

반구대 대곡천은 무엇이 못마땅한지
날만 새면 불러들여 혼쭐을 내는지 몰라
그마저 성이 안 차는지 꿈속까지 헤집고선

옷깃을 여미면서 암각화 뵈옵던 날
대곡천 물소리는 왜 그리 다그치는지
발밑에 산삼을 두고 남의 밭에 도라지냐며

양남 주상절리

누군들 한 송이 꽃이고 안 싶겠냐만
꽃이고 싶다고 꽃으로 피겠냐만
도대체 비결이 뭐냐, 영원불멸 저 석화

회한의 시간

이별은 늘 그렇듯 예고 없이 온다지만
생살을 파고드는 뜬금없는 부음소식
해질녘 아직 이른데 서녘 하늘 몹시 붉다

그 흔한 사랑한단 말 뭐 그리 어려워서
고맙고 미안하단 말 뭐 그리 아까워서
생전에 전하지 못한 말 벽을 잡고 토한다

근황

나이가 들면서
말수가 적어지더니

무시로 빠져드는
무질서 생각의 늪

때로는
녹슨 기타줄처럼
신분마저 잊은 채

반구대의 아침

이른 아침 탓인지 안개가 참 좋더라
굽이굽이 돌아가는 청아한 물소리며
수면을 박차 오르는 물총새가 참 곱더라

손님을 반기는지 전등처럼 내걸린 감
부스스 눈 비비며 마중 나온 거북이며
빈 배를 저으며 오는 옛사람들 환영하며

금연 이야기

시집 간 딸아이가 태아 사진 보내왔어
대견하고 고맙지만 겁부터 덜컹 나데
어느새 할아버지라니 철도 아직 안 들었는데

이상하게 중독처럼 사진을 자꾸 꺼내봐
신생아에 해롭다니 담배를 끊기로 했어
진짜로 무서운 것은 손주녀석 같더군

제기랄, 아내 성화도 눈 꿈쩍 안했는데
두 딸애 닦달에도 한쪽 귀로 흘렸는데
나 원 참, 손주가 뭐라고 한순간에 꺾이다니

경칩 무렵

겨울을 나기 위해 집안에 들인 화초
따스한 봄빛 찾아 제자리 내보내다
낮빛이 어둔 몇 녀석에 종일 마음 켕긴다

어쩌면 낡은 누옥이 버겁지 않았을까
햇살도 비켜가는 창 낮은 북향이라
밤하늘 저 많은 별들 보고 싶어 어쨌을까

8

김병환

운문시대_18
신작시조

_겨울 샤갈

_비수구미 아이들

_섬을 봤다

_언양 미나리

_평리

_관문성 비망록

_길 카페 다향

_매화나무 아래서

_오래된 적막

_임인년 봄

겨울 샤갈

닫혀버린 스물두 해 겨울은 차가웠다

산다화 꽃눈 지는 첫사랑 이었던가

바람은 신들의 영혼 굽이굽이 사막이다

쉬어갈 틈조차 내어주지 않는 강

흐르는 물소리를 끌어안고 통곡한다

염포만 뜨거운 심장 별들의 블랙홀

비수구미 아이들

선생님 쓴 소리가 하나도 싫지 않았다
따끔한 회초리에 종아리는 몸살 나도
그 시절 비수구미 아이들 정지된 흑백사진

가만히 들여다보니 벌을 받으면서도
천진한 표정으로 장난질 한창이다
지금은 뿔뿔이 흩어져 어디서들 살고 있나

섬을 봤다

하현이 머리 숙여
조문하듯 다녀간 뒤

소금꽃 하얀 밀월
멀미하는 섬을 봤다

수평선 저울질하다
기울어지는 바다에서

언양 미나리

밀레의 이삭 줍는
저녁노을 고운 뻘밭

봄을 부르는 초록이
겨울을 평정했다

아삭한
향기를 품고
밥상에 오른 미나리

평리

굼닥 길 푸른 사람들 쉬어가는 이야기

소여물 넣고 산밭 쟁기질도 끝났다

승부수 신의 한수에 뒤집히는 장기판

사랑방 윷놀이에 던지면 모 아님 도

한바탕 웃다 떠들다 달빛 밟는 빈 골목

벙그는 흰 목련 가지 꽃단장 한창이다

관문성 비망록

별들의 늦은 귀가 구름이 끌며 간다

늦도록 잠 못 이루어 향을 올리는 신흥재

폐사의 공양 간에선 군불 지피는 소리

울창한 갈참나무 오고가는 무료 길도

회화나무 꽃눈 지듯 역사를 푸는 세월

바람의 거친 조급이 병사들을 좇고 있다

길 카페 다향

문수공원 길 건너편
시간 맞춰 찻물 내리는

발화된 꽃소식에
술렁대는 목련 그늘

봄날에
휴업 간판 내 걸었다
길 카페 다향

매화나무 아래서

울 어매 속울음 저리 붉고 곱던 가요

옷고름 맺고 풀어 야윈 봄 올란갑다

팔뚝에 소름이 돋듯 가지마다 돋는 눈

오래된 적막

산문 밖 풍경소리 바람으로 풀리는 날

달빛에 숯불 재워 입에 머금는 작설차

좋구나 계곡의 물소리 심장에 피가 돈다.

임인년 봄

약속의 시간은 어김없이 비껴가고
출구조차 깜깜하다 비대면 코로나
봉합된 검은 마스크 소화불량 언어들

가뭄에 적조 들고 한물 간 푸른 생선
치솟는 물가 전쟁 흉흉한 인심 앞에
느는 건 짜증뿐이다 울화는 깊어지고

해설

운문시대_18
신작시조

운문의 시대를 소환하는
'운문시대'의 노래들

–박명숙(시인)

운문의 시대를 소환하는 '운문시대'의 노래들

박명숙(시인)

"시는 온몸으로, 바로 온몸을 밀고 나가는 것이다. 그것은 그림자를 의식하지 않는다. 그림자에조차도 의지하지 않는다. 시의 형식은 내용에 의지하지 않고 그 내용은 형식에 의지하지 않는다. 시는 문화를 염두에 두지 않고, 민족을 염두에 두지 않고, 인류를 염두에 두지 않는다. 그러면서도 그것은 문화와 민족과 인류에 공헌하고 평화에 공헌한다. 바로 그처럼 형식은 내용이 되고 내용은 형식이 된다. 시는 온몸으로, 바로 온몸을 밀고 나가는 것이다." (김수영, 「시여, 침을 뱉어라」, 1968)

시인은 시의 충실한 종, 한 편의 시에 엎드려 복무하기를 원한다. 한 편의 시는 언제나 처음이자 마지막인 한 편의 시이다. 증식과 분열이 허락되지 않는다. 시조시인은 시조라는 까다로운 정형의 문학을 선택한 숙명에 복무한다. 전전긍긍하는 미령

한 날들을 견디며 한 편의 정형시를 피와 땀으로 밀고 나간다. 한류의 시대, 한류문학의 원조격인 시조도 세계화의 조류를 외면할 수 없는 의욕과 투지로 한껏 고조되어 있다. 현대시조의 위의와 가치를 제대로 달구어 나간다면, 한류문학을 선도하는 민족시의 장르로 자리를 매기게 되는 날도 멀지 않을 것이다. 그러나 창작의 어려움으로 따져 볼진대, 시조만큼 첨단의 실력을 요구하는 장르도 없을 터이다. 와중에, '운문시대' 18집의 생생한 개성의 가락들과 빛나는 감성의 시편들을 읽어 보는 홍복을 누리게 된 기쁨이 크다.

1. 반가사유상, 고수, 눈 오는 밤 – 신춘희

당신은 거기서 빙그레 웃고만 계세요

나는 여기서 조용히 바라만 볼게요

표정이 온유하여서 우러르고 싶은 분

눈주름 펴지는 소리

그 끝에 맺히는 고요

가만히 떠 와서

목 축이고 싶어요

생각도 넓고 깊으신,

검소한 목불木佛이여

－「반가사유상」 전문

의자에 앉아 반가부좌를 튼 채 뺨에 손가락을 괴고 깊은 명상에 잠긴 반가사유상. 미소와 표정, 손발과 옷주름과 이상적인 몸체가 최고의 걸작으로 평가를 받는 불상이다. 칼 야스퍼스가 "인간 존재의 가장 정화된, 가장 원만한, 가장 영원한 모습의 상징"이라 극찬한 목조반가사유상은 빼어난 조형미와 철학적 아우라를 품은 우아하고 세련된 불교미술의 백미로 꼽힌다. 반가사유상에 완벽히 동화되어 혼연일체의 삼매에 든 화자의 내면의 경지가 독자들의 감응을 깊숙하게 이끈다. 불상의 미소와 표정을 우러르며, "눈주름 펴지는 소리"를 듣고, "그 끝에 맺힌 고요"로 "목 축이고 싶어"하는 화자의 갈망은, 목마른 영혼의 위안과 치유를 구하는 모든 중생의 소망을 대신한다. 검소하면서 "생각이 넓고 깊으신" '목불'의 신성한 외경과 기운이 은전을 베풀 듯 고요한 파문으로 번진다.

한 동작이면 족하다

어떠한 베임도

그러나 정작 고수는 마무리에 달렸다

칼집에 칼을 꽂는 과정이

예술이어야 한다

－「고수」 전문

일체의 수식과 장식의 겉치레를 벗는다. “한 동작이면 족하다”, “마무리에 달렸다”, “칼집에 칼을 꽂는 과정”이 달라야 한다는 두세 마디 진술로, 예술의 진정한 경지를 말하려는 직관이 강렬하고 단호하다. 일언지하, 고수의 예술에 대해 잘라 말하는 것은 가볍게 시를 쓰고 예술작품을 만드는 현 세태에 대한 염려와 경고의 따끔한 질책과 충고로 받아들여도 좋을 것이다. 당연히 시인 자신의 뼈저린 성찰의 고백일 수도 있다. 한 마디 말로 모든 말을 아끼는 일언이폐지의 경구와도 같다. 이런 진술은 「밥」에서도 예를 보인다. “부탁한다, 더 이상, 함부로 대하지 마라// 온기溫氣만 있고 생기生氣는 없는 밥// 사람이 존엄하다면// 저 밥도, 그러하다” (「밥」 전문).

구구절절한 노래에 몸이 반응하듯이

오금이 저린 시, 남기고 싶다

길섶에 마른 풀꽃 지듯 이 세상 뜬다 해도

창 밖에선 사연 많은 눈이 내리고

하염없이 바라보는 생각은 적막강산

오늘밤 건질 수 있을까

잘 익은

시 한 수

－「눈 오는 밤에」 전문

시인은 "길섶에 마른 풀꽃 지듯 이 세상 뜬다 해도" "오금이 저린 시" 한 편 "남기고 싶"은 소망으로 눈 오는 밤을 잠들지 못한다. "구구절절한 노래에 몸이 반응하"는 그런 시. "창 밖에선 사연 많은 눈이 내리"는데 시인은 생각의 '적막강산'을 '하염없이' 바라보면서, "잘 익은/ 시 한 수" 건질 수 있는 절호의 순간을 고대하는 것이다. 짐승처럼 살아서 꿈틀대는 시혼을 이길 수 없는 고통에 진저리친 시간은 또 없었을까. 그런 시간을 아프게 사랑하고 맞서는 진통을 마다하지 않는, 함박눈 내리는 겨울밤이 시업을 업보로 짊어진 시인의 외로움을 뜨겁게 어루만진다.

2. 마네킹, 다도해, 걸어가는 남자 – 손상철

얼굴이 없다는 것이 얼마나 다행인가
살며 누구에게도 눈길 한번 주지 못하고
무심히
남의 시간 같은
옷이나 입고 서서,

입은 듯 벗고 가는 세상의 어느 뒷골목
속옷은 전생의 죄로 가릴 곳도 잊은 채
이 새벽,
어디로 가는지
옷 한 벌이 없다니

다시 온몸으로 견딘 허기진 하루가 간다
밤마다 얼굴을 찾아 거리를 헤매는 몽유
눈물이
가슴에 떨어지자

두 다리가

꺾인다

-「얼굴 없는 마네킹」 전문

'얼굴'을 벗은 걸까, 잃은 걸까. 없는 얼굴을 다행으로 여기는 첫수 초장과 없는 얼굴을 찾아 헤매는 셋째 수 종장은 의미의 모순과 충돌을 일으킨다. "남의 시간 같은/ 옷"이나 입고 서 있는 인생은 "누구에게도 눈길 한번 주지 못하"는 무의미한 시간을 살아내야 하는 인생이다. 입었다고는 하나 벗은 것과 진배없는 "세상의 뒷골목"에서 속옷의 몸은 "전생의 죄"인 양 "가릴 곳"도 잊은 채 허기진 하루를 버텨야 한다. 벗은 몸으로 잃어버린 얼굴을 찾아 밤마다 '몽유'를 헤매는 마네킹의 가슴에 떨어지는 '눈물'은 어디로부터 흘러나온 것일까. 눈물을 받는 '두 다리'가 끝내 꺾이고 마는 마네킹의 영혼이 인간의 영혼으로 전이되면서, 황량하고 을씨년스러운 정서적 분위기를 자아낸다.

끝나지 않은 사랑이 여기 와 또 그립다

네가 보고 싶어 너 닮은 섬을 낳고

낳다가,

또 그리워서

섬 하나를

또 낳고

어느 인편에 받은 당신의 야윈 소식
미치게 보고 싶어 밤새 섬을 낳고
낳다가,
또 보고 싶어
섬 하나를
또 낳고

-「아- 다도해」 전문

섬과 섬들을 낳는 다산의 바다. 그리움과 보고픔을 견디는 해법은 섬을 자꾸만 낳는 일인 양 섬의 사랑은 끝나지 않는다. '너'라는 그리움, '당신'이라는 보고픔으로 바다의 산실에 누워 있는 섬들은 서로 얼굴이 닮았을 것이다. '소식'이 야위어 갈수록 바다는 견딜 수 없는 외로움으로 밤새 섬을 낳고 또 낳는 일을 거듭할 뿐이다. 덜 것도 보탤 것도 없는 단출한 행간의 진폭과 깊이가 상상을 아득하게 늘려간다. 절제된 언어의 운용을 통한 생략과 여백으로 섬의 쓸쓸한 정서도 극대화된다. 그리움과 보고픔의 수평선을 지우면서 태어나는, "물속보다/ 단단하게/ 빛나는"(「물속의 돌」) "끝나지 않은" 사랑의 섬들이 아름답다.

무엇이 이리 급해서 흔들리며 가는가
길을 잡을 수 없어 끝없이 이는 머리칼
살아서

제 그림자도

거둘 수 없는

기다림

갈 곳은 있는지

무슨 꿈을 꾸는지

물어 볼 말이 많지만 자꾸 헛딛는 걸음

눈비가

지나간 자리

내일은

보이지 않고,

세상을 알기 전에 이미 길 위 내몰린

기도를 배우기에는 숨찬 몸부림 날들

가만히

서로 바라보는

안과 밖의

나와 나

-「걸어가는 남자」 전문

「걸어가는 남자」는 스위스 조각가 자코메티의 작품명이다. 시는 '세상'을 알기도 전에 길 위로 내몰린 현실과 "기도를 배우기"에도 "숨찬 몸부림"의 날들을 보여준다. 그런 시간들을 지나며 “가만히/ 서로 바라보는/ 안과 밖의/ 나와 나”는 누구인가. 나는 ‘안’이며 ‘밖’이고, ‘밖’이며 ‘안’일 것인가. 자아는 끊임없이 나는 누구인가에 대한 화두에 매달리며, ‘길’과 ‘꿈’에 대한 희망을 놓고 싶지 않지만, “헛딛는 걸음”마다 “눈비가/ 지나간 자리” 되어 “내일은/ 보이지 않”는다. 누구나 자코메티의 “워킹맨”이다. 생의 공소한 허무에 시달리면서도 걸어야만 사는 인간이다. 존재의 부조리와 모순으로 흔들리는 내면의 실존적 고뇌가 강하고 침울하게 읽힌다. 손상철 시조에선 입체와 겹의 시학을 지향하는 작품간의 유사성이 발견되고는 한다. 다소 이질적인 언어의 조합을 통해 심미적 낯설음을 추구하는 특질도 간과할 수 없다. 시어들도 수위를 두려워하지 않는 편이다.

3. 대곡천, 경칩, 주상절리 – 김종렬

반구대 대곡천은 무엇이 못마땅한지
날만 새면 불러들여 혼쭐을 내는지 몰라
그마저 성이 안 차는지 꿈속까지 헤집고선

옷깃을 여미면서 암각화 뵈옵던 날
대곡천 물소리는 왜 그리 다그치는지
발밑에 산삼을 두고 남의 밭에 도라지냐며

–「대곡천 단상 3」 전문

태화강의 본류인 ‘대곡천’ 절벽에는 반구대 암각화가 새겨져 있다. 세계에서 가장 오래된 고래 사냥 그림을 보유하고 있는 곳. 국보로 지정되었으나 침수와 노출을 거듭하며 풍화가 가속되고 있다고 한다. “날만 새면 불러들여 혼쭐을 내”고 “꿈속까지 헤집”는 대곡천 물소리는, 대상에 대한 화자의 관심과 애착의 정도를 알게 한다. 하여 ‘암각화’를 만나는 날은 ‘옷깃’도 여밀 수밖에 없는 날, ‘도라지’에 비견될 수 없는 ‘산삼’으로서의 자존과 긍지를 세우며 ‘발밑’의 소중한 의미와 가치를 일깨우는 비유의 기지와 화법이 흥미롭다. “전등처럼 내걸린 감”과 “눈 비비며” 걸어나온 ‘거북이’가, 안개 속에서 ‘옛사람들’을 마중하는 「반구대의 아침」을 함께 읽어도 감흥이 다를 것이다.

겨울을 나기 위해 집안에 들인 화초
따스한 봄빛 찾아 제자리 내보내다
낮빛이 어둔 몇 녀석에 종일 마음 켕긴다

어쩌면 낡은 누옥이 버겁지 않았을까
햇살도 비켜가는 창 낮은 북향이라
밤하늘 저 많은 별들 보고 싶어 어쨌을까

-「경칩 무렵」 전문

“겨울을 나기 위해 집안에 들인 화초”를 봄빛 드는 절기에

'제자리'로 내보내다 문득 "낯빛이 어둔" 모습들을 보고, '마음' 켕기는 화자의 다감한 심경이 살가운 정서적 결을 드러낸다. 볕도 별도 들지 않은 "낡은 누옥"과 "창 낮은 북향"에서 힘들어했을 꽃들을 지켜보는 화자의 살뜰한 배려와 정성이 따뜻하다. "고맙고 미안하단 말"(「회한의 시간」)을 아낄 까닭이 있을까. 생기와 활력이 돌아드는 약동의 절기인 경칩에 이르러 비로소 칩거로부터 풀려나 몸의 문을 열게 되는 마음의 풍경이 환하다. 흙을 만지면 탈이 없다는 경칩에 화초들은 낯빛 밝아질 일만 남아 있을 것이다.

누군들 한 송이 꽃이고 안 싶겠냐만

꽃이고 싶다고 꽃으로 피겠냐만

도대체 비결이 뭐냐, 영원불멸 저 석화

–「양남 주상절리」 전문

"꽃이고 싶다고" 아무나 '꽃'으로 필 수는 없을 것이다. 천 년의 비바람에 맞서고 모진 파도를 이겨내야만 바위로도 꽃을 피워낼 수 있을 터, 장구한 세월만이 그 '비결'을 알고 있을지 모른다. 그렇게 '석화'는 피어나 삼라만상과 천지의 영원불멸한 시간의 향기를 뿜어내는 것이리라. 한 송이 거대한 꽃으로 환유된 "양남 주상절리"에서 천년 바위의 향기를 맡게 되는, 간단치 않은 적공이 느껴지는 시편이다. 바다에 누운 돌기둥들이 견딜 수 없는 시간을 견디며 피워낸 돌꽃은, 영원과 순간 사이로 핀 불멸의 꿈처럼 느껴진다. 자연과 우주의 시간 앞에 선 인간의 질문이 실로 나약할 뿐이다.

4. 겨울 샤갈, 섬, 카페 – 김병환

닫혀버린 스물두 해 겨울은 차가웠다

산다화 꽃눈 지는 첫사랑 이었던가

바람은 신들의 영혼 굽이굽이 사막이다

쉬어갈 틈조차 내어주지 않는 강

흐르는 물소리를 끌어안고 통곡한다

염포만 뜨거운 심장 별들의 블랙홀

–「겨울 샤갈」 전문

"스물두 해 겨울"은 "닫혀버린" 시간, "산다화 꽃눈"도 지는 출구 없는 '첫사랑'의 계절이었을 것이다. "신들의 영혼"인 바람마저도 '사막'만 같았던 젊음을 회고하는 강가에서, 마주하는 강물의 정황은 다급하고 삭막하기만 하다. 쉴 틈 없이 "흐르는 물소리"에 투사된 화자의 현실은, "별들의 블랙홀"과도 같이 "뜨거운 심장"을 달구는 '염포만"의 현실과 마주 선다. 회억의 시간을 되짚는 틈과 여유마저도 잃어버린 각박한 현실을 떠도는 '지금 여기'의 자화상이, 부유하는 "겨울 샤갈"에 투영된 시편이다. 사랑을 끌어안고 중력을 위반하며 몽환의 현실 너머로 동화처럼 떠다니는, 정처 없는 샤갈의 메시지를 전복시키며, 겨울과 사막 이미지로 황폐해져가는 자아의 우울한 비애가 심장하게 묻어난다.

하현이 머리 숙여
조문하듯 다녀간 뒤

소금꽃 하얀 밀월
멀미하는 섬을 봤다

수평선 저울질하다
기울어지는 바다에서

-「섬을 봤다」 전문

'하현', '조문', '기울어지는' 등의 하강 이미지를 나열한 시어들이 초장의 분위기를 어둡고 나직하게 이끌고 있다. 그러나 하현이 지고 난 바다에서 바라본 상관물로서의 섬은 '밀월'의 사랑인 양 '소금꽃' 같은 파도가 멀미하듯 솟구치는 상승 이미지로 전환되기도 한다. '수평선'을 '저울질'하다 기울어지는 바다에서의 섬의 욕망은, 화자의 내면으로 침투하여 삶의 욕망의 좌절과 한계를 그려내면서 스산하고 핍진한 정서를 유발한다 할 것이다. 내포하는 의미와 암시가 어려운 상징물을 정제된 시각적 이미지를 통해 선명하게 구현한, 인상적인 단수로 메시지의 여운이 깊다.

> 문수공원 길 건너편
> 시간 맞춰 찻물 내리는
>
> 발화된 꽃소식에
> 술렁대는 목련 그늘
>
> 봄날에
> 휴업 간판 내 걸었다
> 길 카페 다향
>
> –「길 카페 다향」 전문

"문수공원 길 건너편"에서 "시간 맞춰 찻물 내리"던 카페 "다향"은 이름도 향기롭다. 외부로부터 "발화된 꽃소식"에 '목련 그늘'도 뒤질세라 '술렁대는' 그런 봄날, 길 카페 다향은 휴업간판을 내걸고 만다. 가장 먼저 봄을 맞이해야 할 길 옆 카페가 긴 코로나로 인해 봄날도 살길도 포기해버린 아이러니를,

순환하는 계절과 순환하지 못하는 삶 사이로 우울하게 내비친다. “약속의 시간은 어김없이 비껴가고/ 출구조차”(「임인년 봄」) 깜깜한, 곤고하고 피폐한 현실을 사지로 몰아세운 임인년의 신산한 봄소식이 아닐 수 없다.

5. 노포, 친정집, 하울링 – 박미자

재개발 바람에 밀려 거리로 내몰렸다

어쩔 수 없다 해도 현실은 냉혹하다

어시장 비릿한 굴레 상인들은 수척하고

나름의 해석으로 버티는 임차인과

세상물정 잣대로 들이미는 임대인들

바람은 중개인처럼 양쪽 눈치 살펴 불고

마천루 높아질수록 입지는 좁아진다

내몰린 터전 앞에 휘청이는 발걸음

뒷짐만 지고 있는 법, 누가 누굴 보호할까

–「노포–임대차보호법」 전문

대대로 내려온 '어시장' 점포가 "재개발 바람에 밀려 거리로 내몰렸다". 냉혹한 '현실'에 '상인들'의 처지는 수척해지고, '임차인'과 '임대인들' 사이에서 '중개인'만 바람처럼 '눈치'를 살핀다. "내몰린 터전 앞에" 살아갈 "입지는 좁아지고" '발걸음'은 휘청이는데, "뒷짐만 지고" 있는 법은 "누가 누굴 보호"하는 법인지, 냉정하고 대책 없는 현실에 직면한 약자들의 소외된 삶을 읽어내는 화자의 목소리가 날카롭다. 너 나 할 것 없이, "광속으로 변화하는 시대에"(「달빵을 먹다」) "좌표를 다시 찾고자"하는 "하얀 밤"(「잠 못 드는 편의점」)을 얼마나 숱하게 지새우게 될 것인가.

문득 찾은 친정집 마당이 휑하다
들일 나가셨나 이리저리 기웃대도
인기척 찾을 수 없다, 하루가 저무는데

어둑어둑 들어서는 어머니 가슴에는
요소비료 한 포대가 태산처럼 들려 있다
고단한 생애 앞에서 울컥하는 목울대

주인 잃은 경운기는 녹이 슬어 쇠잔하고

마루 밑 누렁이는 무릎뼈 앙상하다

늦가을 가랑잎 같은 몸, 종종걸음 끝없어

-「저무는 친정집」 전문

오랜만에 찾아든 어머니의 집은 '인기척'이 없다. 날이 저물어서야 가슴에 비료포대를 안고 "어둑어둑 들어서는 어머니"를 보면서, 그 "고단한 생애" 앞에 '목울대' 울컥해지는 화자의 심사가 애달프다. "늦가을 가랑잎 같은" 어머니 혼자 '종종걸음' 치는 저녁의 정황은, "녹이 슬어 쇠잔한" 경운기와 "무릎뼈 앙상한" 누렁이로 치환된 어머니 이미지와 상치되는 정서의 이면을 자극한다. 땅거미같이 저무는 어머니의 생애를 안타깝게 바라보는 화자의 내면을 묘파하면서, "꽃대궁 돌려대던/ 바람"을 넘어 "자리를/ 지킨다는 건/ 오롯이 견디는 일"(「겨울 꽃 무릇」)이란 깨우침을 어머니의 저녁에 어머니의 정신으로 또한 물려받게 되는 시이기도 하다.

안방을

비워둔 지

십 년이 지나갔다

다시 온기 채워보려

장판 열 높였더니

나란히

속삭이던 말

환청처럼 들린다

-「하울링」 전문

높은 울음소리를 내는 강아지의 '하울링'은 동료나 사람과의 의사 소통을 원하는 본능적인 표현이며, 외로움의 신호일 수 있다고도 한다. 동물의 하울링이 사람의 속울음으로 전이된 상황을 포착한 단수로, 오래 비워둔 '안방'의 '온기'를 높이면서, "나란히/ 속삭이던 말"들의 '환청'을 듣게 되는 화자의 외로운 '하울링'이 멀고도 길게 울린다. 관계의 시간을 호명하며 관계의 회복을 꾀하는 그리움의 음파가, 빈 마음의 진동만큼 넓은 파장과 울림을 낳는다. 언어의 긴장과 탄력을 유도하는 함축과 상징도 도드라진다

6. 공원묘지, 유튜브, 신조어 - 김종연

당신께서 덮었던 책장의 마지막을 펼쳐

뒷이야기를 씁니다 그날부터 지금까지

시점이 자꾸 흐려져 글들이 흩어지네요

더 이상 건너올 수 없는 그 편의 언어들은

몇 번의 번역기를 돌려야 닿을까요

대답을 기다립니다 답신 빨리 주소서

둥글고 단단해진 수천 개 동음이의어
다 잊은 듯 다 버린 듯 그렇게 누웠지만
골짜기 가득 서린 고요 압축파일 같습니다

세밀 궁체로 알알이 그렇게 써 내려간
당신의 생애가 여전히 진행형이길
한나절 바람에 기대 바람을 소지합니다

-「어디서 무엇이 되어 다시 만나랴-솥발산 공원묘지」 전문

'당신'을 이승 너머로 떠나보낸 결별의 슬픔을 편지처럼 쓴 시조이다. 건너올 수 없는 생애 저편의 '답신'을 기다리는 산 자로서의 고통과 그리움을 촘촘한 이미지로 그려냈다. 생전의 추억을 반추하며 회한과 비애를 달래는 공원묘지에서, "둥글고 단단해진 수천 개 동음이의어"로 누운 영혼들의 '고요'가 '압축파일'처럼 느껴진다니 비유가 놀랍다. "당신의 생애"가 '세밀 궁체'의 '진행형'으로 다시 소환되길 염원하는 '바람'을 "한나절 바람에 기대" 소지하는 심경도 애틋하거니와, '바람'과 '바람'의 동음이의어를 적소에 배치한 언어 유희의 묘미도 만만치 않다. 영원한 안식에 든 "당신께서 덮었던 책장의 마지막을 펼쳐" '뒷이야기'를 써나가는 화자의 의지야말로, 비탄과 허무로부터 벗어나려는 역설적인 슬픔의 글쓰기일 것이다. 생

명의 종식과 삶의 파멸을 부정하는, 삶과 죽음이 다를 바 없는 시적 주체의 궁극의 마음을 헤아리게 된다.

펼쳐도 펼쳐도 다 못 보는 세상이다

거인을 꿈꾸면서 일제히 몰려드는

날마다 문전성시다 주인도 객도, 넘친다

-「유튜브 대세론」 전문

오프라인과 온라인의 경계는 진작에 허물어지고, 세상은 또 다른 개벽이라도 일으킬 듯한 조짐이 완연하다. "펼쳐도 펼쳐도 다 못 보는 세상"이 들어선 것이다. "거인을 꿈꾸면서 일제히 몰려드는" 인터넷 방송인들로 유튜브는 "날마다 문전성시"를 이루며, "주인도 객도 넘"치는 과도한 현상을 빚고 있다. 수많은 개인 채널과 브랜드 채널들이 경제적 수익 창출과 크리에이터로서의 성공을 노린다. 지구인은 이제 현실의 지구촌과 온라인의 지구촌인 두 세상에서 살고 있으며, 유튜버는 청춘 세대의 또 다른 이름으로도 불린다. 세상의 가속 앞에서 그들만의 리그와 진도에 동화되지 못하는 화자의 정서적 괴리감이 현실의 여백을 씁쓸하게 물들인다.

태생도 베일에 싸여 우리를 슬프게 하는,

배경을 되짚다가 나도 그만 슬퍼져

사전을 자꾸 뒤진다. 반대말 찾고 싶어

–「안물안궁」 전문

인터넷의 보급으로 신조어도 급격히 늘어났다. 외국어 형태로 나타나기도 하지만 주로 우리말의 준말 형태로 표현된다. 유행에 민감하지만, 일부는 남아서 사전에 등재되기도 한다. "태생도 베일에 싸여 우리를 슬프게 하는// 배경을 되짚"어보는 서글픔 때문에 '사전'만 자꾸 뒤져 보게 되는 '나'는 어떤 이름의 세대인가. 디지털 환경에 익숙하고, 이색적인 경험과 삶을 추구하는 강력한 사회적 주체로 부상한 신세대의 가치관과 신념은 신조어를 통해서도 잘 나타난다. 파이어족도 있고 욜로족도 있다. '안물안궁'은 '안 물어 봤어, 안 궁금해'의 준말이다. 그 '반대말'이 사전에 있을까.

7. 태화강, 부부, 기러기 – 김효이

때로는 고요한 강 때로는 포효하는 강

물 안의 소리인지 물 밖의 소리인지

제 길을 따라 흐를 뿐

이정표는 없다

흐르고 흘러서 바다에 닿기까지
수없이 되돌아보고 수없이 다짐하며
늘 새로 다지는 마음
상처가 되기도 한다

이 순간, 잠행하던 물의 맥박 소리는
극을 여는 도입부처럼 신선한 멜로디다
삭막한 도시를 열어갈
생명의 날개다

-「태화강을 걷다」 전문

"물 안의 소리인지 물 밖의 소리인지" 때로는 '고요'하게 때로는 '포효'하며, 강은 '이정표' 없는 "제 길을 따라" 흐른다. "수없이 되돌아보고 수없이 다짐"하는 마음이 곧잘 '상처'를 입기도 하지만, 어느 순간, "잠행하던 물의 맥박 소리"가 "신선한 멜로디"가 되고, "도시를 열어갈/ 생명의 날개"를 펼치는 환호의 노래가 되기도 한다. 고난과 시련으로 흘러든 강의 어둠을 걷어낸 반전 끝에 바다는 마침내 빛으로 출렁이게 되는 것이다. 울산을 지나 동해로 흘러드는 '태화강'은 울산의 젖줄이다. 사람의 목젖을 축이고 산업의 동력을 제공하는 강변을 걸으며, 화자는 강에게 투사된 내면이 일으킨 불화의 소리가 화음으로 돌아들어, 생명의 빛을 다하는 화엄 세계에 당도하기를 꿈꾸는 것이다.

비슷해 보이지만
전혀 다른 두 사람이

창 하나 내놓고
서로 바라본다

닫힌 듯 열린 문으로
서로 바라본다

-「부부」 전문

"비슷해 보이지만/ 전혀 다른 두 사람이" "창 하나"를 사이에 두고 "서로 바라본다". "닫힌 듯 열린 문"으로 바라본다. 창과 문은 일테면 부부 사이에 들어선 투명한 감옥과도 같을 터이지만, 서로를 비추며 살아가는 동안 비슷해지거나 닮아가기도 한다. 열린 듯 닫히고 닫힌 듯 열린 문은 부부가 얼마나 다르고 얼마나 비슷한지를 말해 준다. "자세히 들여다보면// 다 말 못 할 사연"(「손금」)이 있듯이 부부 또한 다 알 리는 없는 마음으로 서로의 닫힌 문 앞에서 서성이며, "에움길 돌아서 닿은// 같은 시간 같은 자리"(「삽화揷畫」)의 "따뜻한 마음이 일구는/ 향기로운"(「중년中年」) 서사를 다시 기다려보는 것이리라.

어젯밤 늦도록 고민을 털어놓고
오늘 그녀 날아서 먼 곳으로 가고 없다

서른 살 꽃다운 나이에
돌덩이 가슴에 얹고

십 년 연애 끝에 꿈꾸던 신혼은 일 년
부모님 가슴팍 생살만 도려내고
사랑은 있는 것일까
있다면 그건
형벌일까

－「기러기」 전문

"서른 살 꽃다운 나이에/ 돌덩이 가슴에 얹고" '신혼' 일 년 만에 "부모님 가슴팍 생살만 도려내고" 먼 곳으로 떠나 버린 '그녀'의 사랑은 '사랑'일까, 사랑이라면 '형벌'일까를 묻는 삶의 허망한 부조리 앞에서 망연자실한 화자의 실의와 상심을 만나게 된다. 모순 관계인 한 쌍의 삶과 죽음 사이에는 무엇이 들어설 수 있을까. 중간개념이 없는 잔인한 반의어, 삶이 없으면 죽음도 없고 죽음이 없으면 삶도 없기에 "온몸으로 너를 받으며/ 결별을"(「벚꽃 지는 날」) 읽는 시간은 가혹하기만 하다. 백년해로의 언약을 어기고 날아가 버린 '기러기' 같은 젊은 영혼에게 바치는 뼈아픈 영결의 노래이다.

8. 집, 세대, 냉장고 - 곽종희

천민으로 살다가도 구중궁궐 꿈을 꾼다
새벽녘 동살 같은 반지하 햇살 바라
하루 치 생을 이끌고 담쟁이가 기어가듯

갭 투자 알박기에 여백이 모자라고
서성이는 계단을 승강기 늘, 앞지른다
층수만 높인 집값이
후폭풍에 날아갈 쯤

사람을 벗은 공간 썰물처럼 멀어진다
곳곳에서 애면글면 모스부호 타전할 때
하룻밤 기와집 열 채
허물었다
짓는 밤

-「집들의 시간」 전문

"갭 투자 알박기"와 "승강기 늘 앞지"르던 "층수만 높인 집값이/ 후폭풍에 날아갈" 긴박한 상황 앞에서, "사람을 벗은 공간"마다 "애면글면 모스부호 타전"되는 "집들의 시간"이 다급하고 살벌한 촉각을 곤두세운다. "하룻밤 기와집 열 채/ 허물었다/ 짓는 밤"의 시간도 애가 마르긴 마찬가지다. "새벽녘 동살 같은 반지하 햇살 바라/ 하루 치 생을 이끌고 담쟁이가 기어가듯" 살던 존재들이 현실로 꿈꾸던 '구중궁궐'의 욕망이, 결국은 사상누각과 백일몽의 허망한 결말을 맞게 되는 처지와 양상을, 안타까운 연민과 비판적인 시선으로 지켜보면서 현 세태를 짚어보는 작품이라 하겠다.

얘기 좀 들어보자
엄마는 몰라도 돼
팽팽한 전운이 집안 곳곳 감돌아요
돌연 꽝! 문 닫는 소리
국경 그예 갈라놓고

팀장님은 야근하고 막내는 칼퇴해요
더듬더듬 길치 족과 천리안 내비 세대
목표는 서로 달라도
나름 첩경 자부하죠

젊음이 상 아니듯 나이 듦도 벌 아니죠
라떼와 N포 사이 놓인 벽 드높아도
이른 봄 쌓인 눈 녹듯
무너질 날 있겠죠

–「세대갈등 보고서」 전문

"라떼와 N포 사이", '젊음'과 '나이 듦'을 '상'과 '벌'로 비틀며 길항하는 시어들이 세태를 거침없이 진단해간다. 삶의 영속성 안에서 공존하는 세대간의 정신과 가치가 대극 관계로 치닫는 상황도 맹렬하다. 엄마와 팀장과 길치 족이 한 팀, 자식과 막내와 내비 세대가 한 팀을 이루며 "팽팽한 전운"이 감도는 가운데, 서로 다른 '목표'와 나름의 '첩경'을 자부하는 경계를 그어가는 풍경 또한 가차없다. 아무려나, 세대는 갈등을 반복하면서도 만남과 화해를 모색하는 관계이기도 하기에, 쌓아올린 '벽'이 "이른 봄 쌓인 눈 녹듯/ 무너질 날"을 기대하는 공생의 시간을, 화자는 마땅하게 소망하는 것이리라.

꽁꽁 숨긴 후회가 켜켜이 얼어있다
심중에 담아두고 끝내 뱉지 못한 말이
세월의 그 두께만큼 군둥내를 풍긴다

유통기한 지나가도 그냥 첩첩 쟁여두는
채 버리지 못할 사연 봉지마다 절절하다
나는 뉘 가슴에 담긴 사연이나 되었을까

남을 위한 눈물 따위 생각지도 않는 세상
앙가슴 냉기류가 내 안 가득 차올라도
쉬 다칠 너를 보듬어
긴 호흡을 내쉰다

–「냉장고를 사유하다」 전문

'냉장고'라는 사물에 감정이입을 한 시로서, 냉장고와 대면한 자아가 냉장고와의 숙명적인 교감을 통해 동병상련의 처지를 토로하고 위로를 건네는 관계를 제시한다. 이미지가 사유를 시 전반의 상보적 관계로 동반하고 있다. 열고 들여다보지 않으면 아무도 속을 모를 냉장고는 "꽁꽁 숨긴 후회가 켜켜이 얼어있"는 내면의 닫힌 공간과 세계로 해석될 수 있을 것이다. "버리지 못할 사연"으로 세월만큼 "군등내를 풍기"는 '봉지'들을 보면서, "뉘 가슴에 담긴" '유통기한' 지난 내 사연도 함께 뒤적여보는 것이다. 타인과의 교감과 연대가 고갈된 세상을 향한 "앙가슴 냉기류"가 가득한 냉장고에 화자의 내면 풍경을 빗댄 시편으로 읽힌다.

운문시대는 동인 활동의 품격을 달리하는 행보로 시조단에 우뚝 자리매김해 온 경이로운 단체이다. '운문시대'의 동인 체제가 연륜을 더해갈수록 새로워지고 신선해지는 느낌은 어디에서 오는 것인지, 권위 있는 문예지를 읽는 것과도 같은, 온전하고 견고하게 구축된 동인지의 이미지에 대한 오랜 신뢰와 기대도 그 이유 중 하나가 아닐까 여겨진다. 탁월한 필치와 특별한 개성들이 모여 시조 쓰기의 다층적인 전범을 제시하는 운문시대가 시조단에 확연한 획을 그으며, 창작의 현실과 문제에 대한 고민을 다함없이 품고 갈 것이라 믿는다.

8명의 신작 시조 80편, 운문시대 동인들의 주옥 같은 작품을 과분하게 읽은 독자로서, 해설도 시평도 아닌 독후감을 몇 자써보았다. 도저한 창작열로 불면의 긴 터널을 마다하지 않았을 동인들의 노정을 헤아리면 낯뜨거운 감상문이다. 빼어난 시들을 깊이 천착하여 궁구하지 못하고, 예리한 통찰과 시선으로 읽어내지 못한 아둔함의 몫이 부끄럽기만 하다. 운문시대의 창창한 비전과 우정의 연대가 시조단의 오늘과 미래의 한 축을 더욱 단단히 괴어 나가리라 믿는다.

운문시대 18

소금꽃 다녀간 뒤

지은이 | 운문시대

펴낸이 | 유재영
펴낸곳 | 주식회사 동학사

1판 1쇄 · 2022년 6월 25일
출판등록 · 1987년 11월 27일 제10-149

주소 · 04083 서울 마포구 토정로 53 (합정동)
전화 · 324-6130, 324-6131 | 팩스 · 324-6135
E-메일 | dhsbook@hanmail.net
홈페이지 | www.donghaksa.co.kr
www.green-home.co.kr

ISBN 978-89-7190-832-7 03810

※ 이 책은 울산광역시 보조금을 받아 발간하였습니다.